कल्पवृक्ष

कस्तूरी मन से वन में

अदिति नायक

समर्पण

राधेकृष्ण

मेरे जीवन के मधुमास के प्रति

मेरे जीवन के सभी कवितारूपी क्षणों के प्रति

मेरी माता, डॉ मधुस्मिता दास

मेरे पिता, श्री देबेश चंद्र नायक

शिक्षकगण, तथा दोस्तों के प्रति

मेरे प्रिय पाठकों के प्रति

मेरी किस्मत के कर्मयोगियों के प्रति

राधेकृष्ण के चरणकमल में समर्पित

।।

प्रस्तावना

<u>शीर्षक 'कल्पवृक्ष : कस्तूरी मन से वन में' क्यों :–</u>

कल्पवृक्ष का शाब्दिक अर्थ है एक ऐसा वृक्ष जो कल्पना को फलीभूत करता है। कल्पवृक्ष कल्पना को तथास्तु कर इच्छा पूर्ति करता है। इस वृक्ष का उल्लेख हिन्दू पुराणों में, भारत के प्राचीन साहित्य में किया गया है। इसके बारे में बौद्ध तथा जैन धर्म में भी बताया गया है। सभी प्रकार की याचनाओं को साकार करने वाले इस वृक्ष को दिव्य माना जाता है।

कल्पना का वृक्ष सबके मन में है। जैसा हम सोचते हैं, वैसा हम बोलते हैं, वैसा ही हम कर्म करते हैं और देखते देखते वैसे ही हम बन जाते हैं। सोच ही हमारे सच को दिशा देती है। इसलिए कल्पवृक्ष हमारे 'मन' नाम के विशाल वन में है। 'मन' एक कस्तूरी से सुगंधित वन है। अपने ही मन के महक से हम अनजान होते हैं। अनजाने में अपनी सोच में विषैले पौधे पनपने देते हैं। हम स्वयं

ही अपनी सोच से कल्पना के वृक्ष को सींच सकते हैं। हमे मन में सोच को कर्मों से सींच कर कल्पवृक्ष को साकार कर सकते हैं। हमारे मन, कर्म और सच ही जीवन के कल्पवृक्ष को सींचते हैं।

मन रूपी गहन कस्तूरी वन में, जो हम सोचते हैं, वही हम बन जाते हैं। जीवन के भीषण प्रवाह में अस्तित्व की कश्ती को दिशा देना आवश्यक है। अस्तित्व को स्वरूप प्रदान करता हम सबके मन का कल्पवृक्ष पनपने को माँगता है कर्म, निष्ठा, साहस, विश्वास, और समर्पित प्रयास।

आशा करती हूँ की आप सब के कस्तूरी मन का कल्पवृक्ष फलदायी, शुभ, पवित्र और सम्पूर्ण-साकार हो।

राधेकृष्ण ।

ये कविताओं का संकलन :

ये कविताओं का संकलन आप सब पाठकों के हाथ में रख आप सबके शुभ की कामना करती हूँ। आशा है ये कविताएं आपको पसंद आएंगी।

ये कविताओं का संकलन काफ़ी समय से पूरा करने की कोशिश कर रही थी। मगर कीविताओं का मामला है, जल्दबाजी नहीं की जा सकती। आख़िर, हर कविता की अपनी जुबान होती है, अपनी शैली होती है। जब लिखना सम्पूर्ण हुआ, मैंने बड़ी उम्मीदों से अच्छे प्रकाशन कंपनी में देने की कोशिश की। बार बार मना कर दिए जाने पर ज़रा हौंसले पर प्रश्नचिन्ह सा लग गया। मैंने अपने एक मार्गदर्शक, शिक्षक तथा गुरु, मनु मंगत्तू जी से परामर्श किया। उन्होंने मेरे हौंसलों के पंख फिर से सवार दिए। उनसे मुझे बहुत प्रेरणा मिली। मेरे मन में स्व-प्रकाशन को लेकर जो निकृष्ट भावनाएं थीं उन्होंने अपने तजुर्बे से मेरे मन को साफ़ कर दिया। मुझे समझ आ गया आख़िर की मैं गलती कहाँ कर रही थी। गलती लिखावटों में नहीं, बल्कि मेरी सोच और नज़रिए में थी। हमारा ध्यान कब कर्मों से हटकर प्रारब्ध पर चला जाता है, समझना इंसानी दिमाग के लिए मुश्किल है। करने से जाने कब छूटकर शायद मैं भी पाने चली थी। जाने-अनजाने में हम सब कर्म और प्रयास से कब मान्यकरण के

बारे में सोचने लगते हैं, पता ही नहीं चलता। मैं तो लिखना चाहती हूँ, लिखती हूँ। कौन से प्रकाशन में, किस तरह कौन सी कविता प्रकाशित होगी और उससे मुझे क्या मिलेगा, वो सब सोचना मेरा कर्म नहीं होना चाहिए। कर्म करने से पहले सही कर्म चुनना पड़ता है।

मैंने लिखने का सपना खो कर फिर से पाया था, मेरा नया जन्म सा हुआ था। वरना लिखना तो लगभग छूट ही गया था। जिनकी वजह से मेरे सपने ज़िंदा रह पाए, वो बड़े कलाकार हैं, नाम नहीं ले सकती जैसे-तैसे, उन कलाकारों की सदा आभारी और कर्ज़दार रहूँगी। ऐसे में मुझे लिखने का, और बस लिखते रहने का ही सोचना चाहिए। क्यों की वही मेरा कर्म है।

राधेकृष्ण |

<u>आभार</u>

राधाकृष्ण के युगल छवि के दिव्य आशीष को उनकी इस छोटी सी अदिति का धन्यवाद।

मेरे माता, पिता, शिक्षक, साथियों को आदर सहित धन्यवाद। मीराज सर को भी धन्यवाद ।

मेरे परिवार जन, मेरी छोटी बहन को भी धन्यवाद।

दोस्त, शुभचिंतक, पाठकों को धन्यवाद।

आकांक्षा, राजेश्वरी, प्रगति, अमृता, स्वाती, और मेरे बाकी सभी स्कूल के दोस्तों को, शताब्दी, मीनाक्षी, प्रियदर्शिनी, स्वराज, पूनम, प्रतिभा, स्माईल, और बाकी कॉलेज के दोस्तों को भी धन्यवाद।

कुछ कलाकारों की सदा के लिए कर्ज़दार हूँ। उनके कर्मों में कृष्ण लौट आए भरोसा दिलाने और मेरी सारी उलझन दूर कर गए। ऐसी अभागन थी जो सपनों के साथ श्री कृष्ण, मेरे बचपन से रहे दोस्त, स्वयं परमेश्वर पर से भी विश्वास खो चली थी। जो उन कलाकारों के कर्म न होते, तो मेरी   लेखनी   की

स्याही कब की सूख गई होती। उन कलाकारों को असंख्य धन्यवाद, सहस्र नमन, उनके कर्मों को असंख्य नमन।

सभी को धन्यवाद।

गुरु को धन्यवाद।

जीवन को धन्यवाद।

सबका मन से आभार।

राधेकृष्ण ।

सूची

जीवन में कितना है वक़्त, वक़्त रहते-रहते सपने

सपने होते हैं क्या प्रेम के बिना !

सूची

सूची

. . . x . . .

<u>कल्पवृक्ष</u>

कस्तुरी मन से वन में

कल्पवृक्ष की पनप रही शाखाएं

किसने बीज बोए थे ?

किसने जड़ें सींचे थे ?

किसके कल्पना का पौधा,

किसके साधना का पतझड़ ।

वृक्ष में सदा देने का प्रयास

जंगलों में कल्पना का संधि-समास

जाना यही आखिर मैंने

फल-फूल तो वैसे भी

पतझड़ भी देता है

तुमने कर्मों के फल-फूल चखे क्या

सारे मीठे न सही

तुम्हारे ही हैं,

आख़िर तुम चाहो या नहीं

कस्तूरी मन से वन में

कल्पवृक्ष की पनप रही शाखाएं ।

कर्म इंसानों का आकार ओढ़कर

किस्मत का ढिंढोरा पीट रहा है

कहीं ऐसा तो नहीं कि सफर की थकान में

साकार होने की कोशिश कर रहा है

कर्मों का है कल्पवृक्ष

जड़ें तुम्हारी, तना तुम्हारा

संकल्प तुम्हारे, मन तुम्हारा

दिखोगे स्वयं को तुम प्रत्यक्ष

सींचो अपने कर्मों का वृक्ष

आख़िर, कर्मों का है कल्पवृक्ष ।

<u>वन्यकुसुम</u>

घने जंगल में भी अकेला खड़ा है

जड़ें समेट रच रहा टहनियों का ताना-बाना

कुछ विषैले पौधे, कुछ मधु से परिपूर्ण

मधूस्मिता है वन्यकुसुम

दृश्य देख विस्मृत नयन

यदि सब है आत्मा का अंश

कर्म ही पूजा, भाग्य का अपभ्रंश

देवपूज यदि देवादेश

तो कल्पवृक्ष है देवेश ।

कुछ विषैले पौधे, कुछ मधु से परिपूर्ण

मधूस्मिता है वन्यकुसुम ।

<u>असमय</u>

बता सकते हो क्या समय का व्याकरण ?

समय की कलम, असमय की रचना

असंख्य वहम, उनमें स्वयं को सींचना

रंग-रूप तुम्हारा मेरा, कर्म-काव्य का सवेरा

क्या हम ने सच में स्वयं रचा था ?

क्या हम ने सच में स्वयं चुना था ?

समय असमय में भेद-भाव क्यों ?

असमर्थ यदि स्वयं हो तो

आरोप समय पर क्यों ?

असमय मिल जाती हैं जो मीठी यादें

उन्हें धिक्कार नहीं मिलता,

असमय फल-फूल मधु से युक्त

उन्हें प्रेम की उपमा कैसी ?

समय पर जो राहें उलझें,

उन्हें असमय की संज्ञा क्यों ?

समझा सकते हो असमय की व्याकरण पुस्तिका ?

स्वयं का दर्शन किया कभी ?

स्वयं का दर्शन साध लो तो

असाध्य की परिभाषा क्या ?

दर्शन किया कभी असाध्य असंभव का ?

स्वयं समर्पण व्यक्त किया कभी ?

मुश्किल तो वैसे सब कुछ है

संभालकर कदम और रहें चुन लें तो

असाध्य की परिभाषा क्या ?

जो दे दिया स्वयं को कर्म-यज्ञ में,

कर पाओगे उच्चारण असंभव का ?

फिर, अनर्थ को असमय की उपमा किसने दी ?

समय का अर्थ 'असमय का व्यर्थ' तो नहीं !

असमय कभी कुछ नहीं होता

असमय,

न राहें उलझती हैं, न सुलझती हैं

न मिलन होता है, न दूरियाँ आती हैं

न बादल छटते हैं, न बारिश होती है

न पौधे सींचे जाते हैं, न फूल तोड़े जाते हैं

न कर्म करवाता है और न प्रारब्ध दे जाता है

असमय कभी कुछ नहीं होता है ।

<u>चौराहा</u>

जहां चार दिशाओं में हों चार द्वार

और हर एक द्वार के आस-पास

जाने कितनी धूप कितना कोहरा

चौराहे के हर राह की अपनी कई और राहें ।

मैं बीच में खड़ी हूँ

चारों ओर से बुला रही मेरे कदमों को

ये राहें तुम्हारी कहाँ ले जाती हैं ?

क्यों चौराहा, तुम्हारी ये राहें खत्म कहाँ होती हैं ?

मैंने कहा था तुमसे,

"पहुंचा दो मुझे मेरी मंज़िल तक"

तुमने अपने कई रूपों से, चौराहा !

अपनी असंख्य दिशाओं की राहों से जाने कब और
कैसे

मुझे चलना सिखा दिया ।

मेरी एक राह में कई चौराहे आते हैं

अपनी असंख्य दिशाओं से मुझे उलझा जाते हैं

राहें भले चार हैं, दिशाएं हज़ार हैं

क्यों चौराहा, तुम्हारी ये राहें खत्म कहाँ होती हैं ?

<u>कच्ची मिट्टी में सना</u>

जड़ कच्ची मिट्टी में सना

तन का उलझन भरा ताना-बाना

नींव कहते हैं लोग

पौधों की, पेड़ों की, जड़ देखी है कभी ?

सींच देता है माली, जोड़ कर रखती है मिट्टी

बरसात में भीगकर

खिलते फल-फूल छूआँ है कभी, चखा है कभी ?

किसी साँवली सुबह

पाँव धँसकर मिट्टी में चलती मैं, चलते तुम

पाँव के निशान मत नापो,

तलवों पर गीली मिट्टी,

कच्ची मिट्टी में सनी मैं, सने तुम

वो जो बनाया था घरौंदा

ज़िंदगी भर शिद्दत से

देखो कैसे ध्वस्त हो गया

उम्र के वक़्त पर लगे उम्मीदों से !

रूप, रंग, देह, प्राण

देखो न कच्ची मिट्टी पर चलते चलते

सत्य के जीवंत चित्रण से

हम बने कैसे अनजान

तुम, मैं, हम सब के निशान

ढलती सी शाम के किनारे देखो

कर लिया सब ने कच्ची मिट्टी में स्नान ।

<u>पता है !?</u>

दरअसल,

हमें सब कुछ पता है

बस ये नहीं पता कि क्या पता है

तुम्हें पता तो है न ?!

<u>वक़्त के सीने पर</u>

वक़्त के सीने पर मैंने शब्दों को बोया था

गुजरते उम्र के तकाजों में लिपटकर

अब दरवाजों पर दस्तक देने लगे हैं

बने कुछ ख्वाब, कुछ अँधेरों में चाँद

कुछ बदले से नक़ाब, कुछ महफ़िल में सजे गुलाब

शब्दों की कड़ियाँ खत्म कहाँ होती हैं ?

पद से पद, शब्द से शब्द जोड़

पल में सदियाँ गुज़र जाती हैं

ज़माने से आड़े हटकर,

मेरी ज़िंदगी मुझे लिखती जाती है ।

<u>लिखावटें</u>

लिखावटों में वक़्त की सिलवटें

ज़िंदगी के हाथों की कारीगरी

बारीक़ धागों से सीए कलाकारी

ज़िंदगी, तुम्हारी लिखावटें !

<u>ये कर्म क्या होता है ?!</u>

ये कर्म क्या होता है ?

जो हम करने का सोचते हैं,

जो हम करना चाहते हैं,

या जो हम हैं ?

जो यह सब मिलकर अस्तित्व बनाए

क्या उसे कर्म कहते हैं ?

बस्ते में भरकर जो लाए थे,

जो नींद वाले सपनों को राहों पे नंगे पाँव चलाए थे,

जो कारण ढूंढ नादानियों में कुछ साधने चले थे,

कर्तव्य का निर्णय लेकर अपने ही लिए उलझन चुने थे,

कुछ कसमों की सुपारी, कुछ निभाने को रस्म चले थे,

क्या उन सबका नाम कर्म है ?

मैं बचपने में, दुनिया से समेटे आधे-अधूरे ज्ञान में,

कर्म-किस्मत की जुगलबंदी सजा बैठी

सज-धज कर सादे कपड़ों में

जो कर्म के समारोह में पहुंचे

आख़िरकार सवाल धुल से गए

अब साफ़ शब्दों में गूंजने लगे

है कोई जो मुझे प्रारब्ध और कर्म में फ़र्क बताए !

है कोई जो सम्पूर्ण-असंपूर्ण कर्म के सर्ग समझाए !

जो हमे करता है, या जो हमसे करवाता है ?

जो हम करते हैं, या जो ज़िंदगी परोसती है ?

जो हम बनते हैं, या जिससे ज़िंदगी नवाजती है ?

क्या उन सबका नाम कर्म है ?

संयोग के तात्पर्य दिखने लगे मुझे

पर क्या कोई कारण हो भी सकता है ?

किन्तु, संयोग के तात्पर्य में

कारण स्वयं भी तो कर्म हो सकता है !

अभिमन्यु के बलिदान से सिसिफस के प्रयत्न तक

मुख्य और गौण किरदारों की तरह

सजाया है किसी ने नाटक के किरदारों की तरह

क्या द्रौपदी के साथ जो हुआ

दुर्योदन ने जो किया

कर्म या प्रारब्ध, बोलो किससे कैसे हुआ ?

अर्जुन-कृष्ण संवाद, धर्म-न्याय का पाठ

कर्म या प्रारब्ध, बोलो किसने कैसे और क्यों किया ?

क्या सच में सबकुछ कर्म ने किया ?

सच, झूठ, सही, ग़लत से परे

आख़िर क्या होता है ?

ये कर्म क्या होता है ?

जाने क्यों,

ये पाने के पन्नों में कर्म के अक्षर धुंधले हैं,

हालांकि कोशिशों में रेखांकित उजागर हैं

मैं नहीं जानती,

सपने ले जाते हैं कर्म की ओर !

या तोड़ के कई शक्लें ले जाते हैं कर्म

अदृश्य, अविनाशी सत्य की ओर !

मैं नहीं समझ पाती !

ये कर्म क्या होता है ?

<u>उस इंतज़ार का क्या ?!</u>

क्या सब हो जाना ही सबकुछ है ?

सब हो जाने से पहले जो संभाल कर रखा

उस इंतज़ार का क्या ?!

टिकाकर आँखों को राहों में, मन को जोड़कर कर्मों से

जो उम्मीदों को बांध कर, आती जाती आंधी तूफ़ान झेले

जाने कितनी बार मेरी आँखों ने खिड़की से झांका

जाने कितनी बार मेरी आवाज ने तुम्हें चुप-चाप पुकारा

हर मोड़ हर गली हर रास्ते की आख़री सतह पर

जो मैंने इधर-उधर तुम्हें ढूंढा

उस इंतज़ार का क्या ?!

वो नजरें जिनसे प्रेमी देखता है प्रेमी के आगमन को

काँटों पर चल मुसकुराता है खिले फूलों की तरह

राहों पर उम्मीदों का इंतज़ार नहीं तो क्या है
आख़िर ?!

जो सपनों की मशाल में तन मन प्राण जलाकर

कर दिया खुदकों समर्पित

न इच्छा कुछ करने को अर्जित

जलकर राख होने को, निखरने कोसवरने को

जो राहों पर हो गए समर्पित

उनके इंतज़ार का क्या ?!

...	....

...	....

....

.................पाठकों के लिए ....

....

....

....

....

....

<u>अंतर तो है</u>

कोई ज़िंदगी में ज़िंदगी तलाश रहा है

तो कोई ज़िंदगी तराश रहा है

किसीका होना न होना और न होकर भी होना

किसीको लाख मिली है खुशियां, एक दुख पकड़े
बैठा है

तो किसीको मिले है करोड़ों दुख, एक खुशी
पकड़े बैठा है

कोई सीखता है आँसू बहाना

तो कोई सीख जाता है आँखों में आँसू सजाए
रखना

कोई जुगनूओं में तारे देखता है,

तो कोई तारों में जुगनू

किसीका खूबसूरती के वजह से साथ होना,

और किसीके साथ की वजह से खूबसूरत हो जाना

अंतर तो है !

आदत से नियत बने और नियत से आदत बनाना

सपने बुनना और सपनों के लिए अपनी आहुति दे
देना

किसीका मेहनत से अपनी ज़िंदगी सवारना

तो किसीका अपना काम करते करते दूसरों के
लिए रास्ते खोल देना

किसीका मंज़िल पर पहुँच जाना

तो किसीका कोशिशों की राहों में तर जाना

अंतर तो है !

कोई सीखता है क्या करना है

तो कोई सीखता है क्या नहीं करना है

कोई सीखता है बोलना

तो कोई सीख जाता है क्या नहीं बोलना

कोई बात करना सीखता है तो कोई सुनना

तो कोई सीखता है सुनाई देने से परे समझना

कोई सीखता है पैसे कमाना

तो कोई जिम्मेदारी से खर्चना

कोई सोचता है 'क्या' और 'कैसे'

तो कोई सोचता है 'क्यों'

कोई कीमत सोचता है तो कोई अहमियत

कोई नाम सोचता है तो कोई मान

कोई इनाम सोचता है तो कोई ईमान

अंतर तो है !

<u>बताओ कैसे</u> ?

चट्टानी राहें, न दिखने वाली मंज़िल

पूछा मैंने कई दफ़ा

बताओ कैसे पहुंचे तुम ?

हाथ में तुम्हारे विजय पताका जो देखा था

वो मंज़िल पर कैसे ?

पूरे बदन पर तुम्हारे चोट के निशान,

क्या खाया, कैसे गुजारा किया ?

इतने तानों में, तरह तरह की बातों में,

कैसे चैन की नींद सोये तुम ?

प्यास मिटाने को मीठा या खारा

बारिश की बूंदें राहों में मिली क्या ?

पूछा मैंने कई दफ़ा

बताओ कैसे पहुंचे तुम ?

उसने जवाब दिया आख़िर,

"मैंने ग़लतियाँ ज़्यादा की हैं

मैंने ताने ज्यादा सुने हैं

मैंने खुदकों ज़्यादा आज़माया

वो जिसे मंज़िल समझकर पहुंचना चाहते हैं लोग,

मैंने बस चलते रहना समझ लिया

मैंने राहों पर चलना सीख लिया

पाने की कोशिश में शुरू भले किया हो

मैंने खुदकों देना सीख लिया " ।

<u>हे कर्मवीर</u>

हे कर्मवीर,

कर्म इतना आसान है क्या ?!

कर्म, ये कैसे

लौट के आते हैं लोग कहते हैं,

कुछ कर्म के नाम से दूसरों को धिक्कारते

कुछ तो कर्म के नाम से डराते

और कुछ शब्द सुनकर ही डर जाते ।

हे कर्मवीर,

अपनी निजी ज़िंदगी को पीछे छोड़

कर्मक्षेत्र में यूँ डटे रहना आसान तो नहीं

मैं नहीं जानती, मन में तुम्हारे क्या है,

पर मन के अँधेरों में भी

कर्म के हथियार से प्रहार करना आसान तो नहीं

हार जीत सब भूल गए हो

सुना है, खुदकों आज़माकर भी तुम

अपने कर्मों से संतुष्ट नहीं हो !

हे कर्मवीर,

कर्म इतना आसान है क्या ?

जो हाथ में पताका कर्म के नाम का लेकर

तुम असंख्यों की सेना से युद्ध करने चले हो

तुम्हारे कर्मों से सत्य के दीप प्रज्वलित हो

तुम्हारे कर्मों से विजय शंखनाद हो ।

हे कर्मवीर,

कर्म इतना आसान है क्या ?

<u>सत्य के विचित्र नयन</u>

देखो कैसे देख रहे हैं,

कैसी अदाकारी है !

सुंदर एक ओर से, दूसरी ओर से डरावनी

टकटकी लगाए देख भी रहे हैं

नज़ारे अनगिनत दिखा भी रहे हैं

समझ नहीं आता,

पहेलियाँ आख़िर सुलझा रहे हैं,

या पलों में उलझा रहे हैं ?!

देखे तुमने वो अजीब पलकों वाले

सत्य के विचित्र नयन !

<u>आइनों में आईने</u>

आइनों में कितने आईने हैं

होनी-अनहोनी के कितने माइनें हैं

रंग-रूप नैन-नक्श, चेहरे की बारीकियाँ

दाग-निशान या धुला ज़मीर, फकीर या अमीर

आईना दिखाती है,

शक्ल से परे की झलकियाँ

स्वयं के दर्शन आसान तो नहीं

आख़िर अक्ष और परछाई एक तो नहीं ।

लकीरों में कितनी लकीरें हैं

रेखांकित, चित्रों में वर्णित

जो रंगों से सजे आइनों के टुकड़े हैं

बोलो उनमें कितनी लकीरें हैं

जरूरत से कर्म या कर्म से ज़रूरत है

एक के कर्मों में सुलझती कितनों की किस्मत है !
देखो न ! किस्मत में कर्म की लकीरें हैं
लकीरों में कितनी लकीरें हैं ।

काश, रास्ते के हर मोड़ पर आईने लगे होते !
जो सफ़र में चलते निभाते
भूल जाते हैं स्वयं को
अक्स अपना देख
न भटकते न खो जाया करते
आईने में अपने माइनें समझ
वो स्वयंसिद्ध हो जाते
आइनों में कितने आईने हैं
होनी-अनहोनी के कितने माइनें हैं ।

<u>सलीक़ा</u>

सलीक़ा होता है क्या !

वक़्त की सिलवटों को सीधा करने का

तरीका है कहाँ अँधेरों से बात करने का

शाम से रात के बीच ढलते लम्हे जीने का

बड़ी तमीज़ से जो मन पर पड़े छाले

वो तकलीफ़ नापने का सलीक़ा होता भी है क्या
!?

सलीक़ा होता है क्या !

हँसने का, मुस्कुराने का,

कहाँ है सलीक़ा आँसू बहाने या पोंछने का

खाना खाने का, पानी पीने का सलीक़ा सिखा
दिया इंसानी कौम ने

भूख प्यास का सलीक़ा होता भी है क्या !

सपने देखने का, ज़िंदगी सीखने का

कोशिशों से खुदकों जोड़ने का, मेहनत से खुदको
तोड़ने का

महसूस करने का, समझने संभालने का

प्यार जताने के कई तरीके गिनाते लोग

साथ निभाने का सलीक़ा होता भी है क्या !

देहाती के तरीकों पर ठहाके मार हँस रहे रंगीन
चेहरे

उन रंगीन चेहरों पर नक़ाब के पहरे

झूठ तहज़ीब से पेश आता है

सच का सलीक़ा होता भी है क्या !

साँसे भरने का, ग़म का, सितम का

मन के साफ और मैले रंगों का

उम्र गुज़रने का, तेरे मेरे सवरने का

ज़िंदगी सीखने का सलीक़ा होता भी है क्या

जीने का सलीक़ा सब बता रहे

ज़िंदगी के तरीके गिना रहे

मौत सलीके से आती है क्या

ज़िंदगी जीने का सलीक़ा होता भी है क्या !

<u>सुबह और शाम के नाक नक्शे</u>

आओ चित्रकार,

आज अनुमान कर रेखाएं खींचे

आकार नहीं है, फिर भी चित्र में आँकें

सुबह और शाम के नाक नक्शे !

जाना यही कि,

शाम भी उगती है,

सुबह भी ढलती है,

बादलों से सूरज का खेलना कम तो नहीं होता

सुबह या शाम, सूरज नहीं बदलता

एक की निगाहें ऊपर टिकी हैं

एक की नीचे टटोल रही हैं

एक रात का इंतज़ार त

एक रात का इज़हार है ।

शाम में अक्ष अपना देख

सुबह के उजाले ढल ही जाते हैं आख़िर

रंग-रूप में है काफ़ी समानता

एक के नयन में जगमग जुगनू

एक के नयन में नींद छलक रही

देखे तुमने,

सुबह और शाम के नाक नक़्शे ?!

<u>कानों में ज़िंदगी फुसफुसा जाती है सपने</u>

वो ज़िंदगी ने अपनी आग की लपेटों से अनेक

परवानों को आंच पर सेक

बावजूद चोट, ताने, छालों के

व्यर्थ के बहानों के

कानों में ज़िंदगी फुसफुसा जाती है सपने !

पुष्प वर्षा की अपेक्षा में

जो राही भूले-भटके कर्ज़दार हैं

गिलहेरियों की जुबानी से अपनी कहानी के जो

चुन रहे किरदार हैं,

गहरी मीठी नींद में,

जब करवट बदलतीं हैं पलकें

कभी धीमी आवाज़ में,

कभी लिहाज़ भूलकर,

कभी गुस्से से डाँटकर,

कभी माना थोड़ी तकलीफ़ देकर, कानों में ज़िंदगी
फुसफुसा जाती है सपने ।

<u>सच और झूठ</u>

सच की जुबान नहीं होती

झूठ के कान नहीं होते !

सच को देर लग ही जाती है

झूठ की रफ़्तार क्या लाजवाब है

इसलिए दोनों में नहीं बनती ।

सच से झूठ नहीं बोलते

सच को झूठ भेंट नहीं देते

जिससे सच मिला हो,

उसे झूठ नहीं देते !

पहले, गलती से झूठ बोलना सीखा

फ़िर झूठ से गलती छुपान

फ़िर बढ़ी संख्या ग़लतियों की,

फ़िर ग़लतियों ने सच की झलकियाँ दीखाईं

और सच ने सही की राहें बिछाईं

बस, राही के चलने की देरी है

कदमों के राहों पर खो जाने की बारी है !

सच की राहें आसान नहीं होतीं

क्यों कि, सच की जुबान नहीं होती

और झूठ के कान नहीं होते ।

<u>छाप, निशानियाँ, नज़रीए</u>

किरणों की छाप,

रास्तों पर घना अंधेरा

उजालों में घना सवेरा

सवेरों में अनगिनत किरणें

उन किरणों की न छुटनेवाली छाप

किरणों के रंग बताऊँ मैं साँवली कैसे होती है ?!

छाप कर अपना हुनर हम पर

जो किरणें रंग लगा जाती हैं

छाप कर इन तेज़ किरणों को

हम सपने जो सींचा करते हैं

किरणें न चैन से सोने देती हैं, न जागने देती हैं

दोपहर की धूप थपकी नहीं दिया करती

हर हाल में चलाए रखती है

कदम राहों पर टिकाए रखती है ।

निशानियाँ बताएंगी

बताऊँ कैसे कौन दिशा से, कौन राह से आई

मैं जुबान की कच्ची हूँ, अभी बचपना गया नहीं

निशानियाँ बता पाएंगी

जो छूट गई निशानियाँ

हाँ, जरूर बताएंगी

चलकर आई जिन राहों पर,

कदम उलझा करते हैं जिन राहों पर, वो राहें
बताएंगी

उन कदमों के निशान बताएंगे

वो जो गूँजते हैं ताने और बातें भीड़ भरे बाजारों में

उन आवाजों के टूटे अल्फ़ाज़ बताएंगे

मेरे कारवां की निशानियाँ बताएंगी

आपके और मेरे सर जो आसमान है,

उस पर छूटी निशानियाँ बताएंगी

नज़दीक से देखा था जिन लम्हों ने मुझे मुस्कराते रोते

वो लम्हे बताएंगे,

उन लम्हों पर छूटी निशानियाँ बताएंगी ।

उनके और मेरे नज़रिए

तूफ़ान की लोरियाँ यूं ही तो नहीं

कानों में गूंजा करतीं हैं

लोगों के नज़रिए यूंही तो नहीं

उनकी आपबीती सुनाती हैं

औरों के नज़रीए यूंही तो नहीं

मन को कभी दिलासे कभी घाव दे जाती हैं

नज़रियों के बहरूपिये ख़याल

धुंधली लकीरों से मेरी तस्वीर बनातीं है

अपने नज़रीए में ढलकर कई बार खोजती हूँ खुद
को

खोजती हूँ नज़रियों में अपना आईना

अपनी रूप रेखा, अपनी सोच समझ

अपनी राहें, अपनी मंज़िल

खोजती हूँ मैं नज़रियों में

अपना जहाँ, अपनी उड़ान

अपना पूरा आसमान ।

<u>नादानियों में जान बड़ी होती है</u>
न लिहाज़, न तरीक़ा
न समझ, न सलीक़ा
बचपन का कच्चा चिट्ठा खोलें क्या !
नादानियाँ ज़ाहिर करें क्या !

वो जो सपने तुमने बचपन में देखा था
कुछ पाना चाहा था
आवेश में, द्वेष में, कलेश में, परहेज़ में
बेवकूफों वाली मांगें और कामना मीठी चीजों की
नादानियों में जाने क्या क्या चाहा था
बचकानी किस्से, ज़िद भी कम थी क्या !?
मगर सफ़र यूंही तो नहीं मुमकिन होता
नादानियों में जान होती है आख़िर !
सुबह नींद और शाम सुरमई होती है
फासले समझ नहीं आते

दूरियाँ फ़र्क भुला जाती हैं
नादानियों में जान बड़ी होती है ।

दूरियाँ फ़र्क भुला जाती हैं
नादानियों में जान बड़ी होती है ।

<u>उसको देखा है क्या ? वो जो !</u>
वो जो उस कोने में बैठा करता था
उसको देखा है क्या ?
धुंधली सी लकीरों से चुराकर
अपने सपने ले आया था भरे महफ़िल में
वो सपने ले आया था मुट्ठियों में, जेबों में
वो ज़िंदगी ने जज़्बातों से सपने जो बक्श दिए
वो जो सपनों से सच की ओर चल रहा था
उसको देखा क्या ?!

कस कर पकड़ने की कोशिश में
नन्हे हाथों की नादानी में
बिखेर जाता था कुछ सपने राहों पर
खाद पानी मिल वो सपनों के बीज अंकुरित होने
लगे
सपने छूटे मन को आस की मिठास

वह जाने कैसे सींच जाता था
वो ज़िंदगी, वो वक़्त, और मैं ।

<u>उसका नाम</u>

मन की गहनता के भीतर

छिपा रखा था जो डर

छूटे सपनों की चीख पुकारें

गूँजती भूतिया दिमाग के मकान पर

भूल गया था मेरा मन मधु की आराधना

कर्मों की साधना, जीवन की उपासना

जगमग से लौ जलाकर लौटा दिए मेरे सपने

हजारों मशाल मन में जलाकर

बातों, तानों, कटाक्ष की आंधी तूफ़ान चीरकर

कैसे लौट आए मेरे खोए सपने !

प्यासे को झरने की मानो कल-कल ध्वनि

सपनों की, कर्मों की सुनो शंखध्वनि

लाख पूछने पर परिचय उसका, उसने अपना नाम
'ज़िंदगी' बताया,

मैंने उसका नाम 'सच' रख दिया ।

वो कुछ ग़लत के रास्ते कुछ सही के रास्ते

मुझसे होकर सच की ओर जाने लगे

बढ़ते कदमों को बांध सकते हैं भला !

चलते ज़िंदगी की ओर

न ये किनारा, न वो छोर

साफ उसकी भाषा, मेरी आधी-अधूरी

वो कहने लगा, मैं सुनने लगी

देखो न, मैं सच की ओर चलने लगी !

उसने अपना नाम 'ज़िंदगी' बताया

मैंने उसका नाम 'सच' रख दिया ।

<u>मुक्ति कैसे मिलती है !</u>

नन्ही चिड़िया जो कैद हो जाए अपने ही घोंसले में

उलझ जाएँ जो उसके पंजे उसके ही तिनकों में

उड़ान के सपनों का क्या

उसके आसमानों का क्या

कौन बताए कौन समझाए !

मुक्ति कैसे मिलती है ?

पिंजरा तो बस दुनिया से जुदा करता है

जो तोड़ न पाए वो ऐसी रुकावटों के पहाड़

उसके हौंसले पर प्रहार करते हैं

जो कवच ही बंधन बन जाए

जो बचाव के हथियार ही योद्धा को चोट पहुंचाए

नन्ही सी जान, नादान सा मन

कौन बताए कौन समझाए

कैसे सुलझते हैं मन के गांठ ?

मुक्ति कैसे मिलती है !

उन्मुक्त मन के पंख

धुँधल कोहरा घना अंधेरा

हौंसले के चलाकर नुकीले तीर

वो भरती है उड़ान राहें चीर

मगर उसके सपनों का क्या

उसके आसमानों का क्या !

<u>कौन ले जा रहा है किसकी ओर</u>

देखा जाए तो

नादानियाँ सपनों की ओर ले जाती हैं

सपने कर्मों की ओर !

करवट लेते कर्म

आख़िर ले जाते हैं सत्य की ओर !

कौन जाने किससे बंधी कौन सी डोर !

कौन सुने अनकही पंक्तियाँ, गूंज रही भीड़ की शोर

कौन समझे उलझन भरी राहें, न कोई छोर

कौन ले जा रहा है किसकी ओर !

<u>डर नहीं सकता कवि</u>

कुछ भी कर सकता है कवि

डर नहीं सकता कवि ।

अदृश्य का दर्शन कर

शब्दहीन के लिए सजाकर प्रास अलंकार

दुख को दिशा देनी है

मन को देना है मुस्कान

पलों को पिरोना है

उड़ान को देना है आसमान

डर नहीं सकता कवि

आख़िर ज़िंदगी सजानी है ।

भीड़ असंख्यों की, राहें असमाप्य

गहराइयाँ कठिन

समय रच रहा है मानो जीवन का व्यंग्य

किस आधार पर बने योग्य !
थका मन, कदमों की भीड़ से अब ले रहा वैराग्य
।
गिरना, हारना चलता है
धुंधली पड़ गईं आँखें ओझल हों आंसुओं से अगर
शब्द साफ दिखेंगे नहीं
कांप गए अगर हाथ
तो अक्षर साफ दिखेंगे नहीं
डर गए भीड़ की शोर से
तो सुनाई नहीं देगा
सत्य की ध्वनि, कर्मों की प्रतिध्वनि
इसलिए कवि, कलम थामे रखना
सोच संभाले रखना
कुछ भी कर सकता है मगर
डर नहीं सकता कवि ।

<u>कविताएं शब्दों का मोहताज नहीं</u>

सुना है लिखते हो कवि,

कविताएं शब्दों का मोहताज नहीं

मन से जुबान फ़िर जुबान से कान

और फ़िर कान से मन की दूरी

तय करना आसान नहीं

कविताएं शब्दों का मोहताज नहीं ।

कविताएं चिट्ठियों की राहें नहीं देखतीं

कागज़ का एक टुकड़ा, स्याही की कुछ बूंदें

न भी हो तो बिना डरे आसमानों में छप जाती हैं

हवाओं में घुल जाती हैं

अँधेरों में कोने से कोना पकड़

कविताएं गहराइयाँ नापती-परखती हैं

अकेलेपन को आज़माती हैं

कविताएं चिट्ठियों की राहें नहीं देखतीं हैं ।

कविताएं

जिस क्षण सोची जाती हैं

जिस क्षण लिखी जाती हैं

आसमान के एक कोने से

कई किनारों तक उसी क्षण पहुँच जाती हैं ।

<u>क्या करे कवि</u>

कवि की पंक्तियों में तुम्हारी आँखें उभर आती हैं

और बौखला जाता है कवि

कि क्या लिखकर बयां करे

जो उभरकर दिख रहा है, वो कैसे समझाए !

जलती लौ सी चमक, सपनों की झलक

मन का मंथन, हल्की सी चुभन, मीठा सा सुकून

जाने क्या-क्या दिखता है इनमें !

क्या दूँ तुम्हें,

तुम्हें देने जैसा भला है क्या मेरे पास !

दूँ तुम्हें मेरा आसमान

या दूँ तुम्हें मेरी सुबह और शाम

या वार दूँ असंख्य कविताएं !

दूँ तुम्हें मेरे सच की झलकियाँ !

जानती हूँ, सब हैं मेरी नादानियाँ !

मगर खुद से बढ़कर सच जान भी क्या सकती हूँ
!

खुद के अलावा और दे भी क्या सकती हूँ !

<u>हमारा आसमान</u>

तुम्हारा और मेरा आसमान अलग तो नहीं !

बताओ कैसे बांटोगे आसमान को

तुम में और मुझ में,

फ़र्क करोगे कैसे ?

बीच में दीवार बनाओगे कैसे ?

जब आसमान सर पर एक ही है

तुम खुदको मुझसे अलग करोगे कैसे !

<u>देना चाहती हूँ तुम्हें</u>
कुछ ज़्यादा देने को है नहीं
फूल, कविताएं और सच देना चाहती हूँ
इनसे ज़्यादा
क्या ही कभी देना चाहा था मैंने !

तिनके जो जोड़े तुमने
मन के कारगर हाथों से
तुम सच के आसमान पर
अपनी नियत का घर बसाना
मैं देख लूँगी तुम्हें
ज़मीन के किसी छोटे से कोने से
मंज़िल के राहों पर कदम तुम्हारे हों
कहीं किसी कोने में हम मुस्करा रहे हों ।

<u>अनुप्रास अलंकार</u>

ज़िंदगी की अदाओं से परिपूर्ण

वक़्त क्या कोई कम है कलाकार !

पंक्तियों में मैं और तुम

मानो जैसे अनुप्रास अलंकार

वक़्त ने तुम्हें मुझसे ऐसे पिरोया है

मानो पंक्तियों में अनुप्रास बिठाया है

वो बारीक़ सेक़िन चुमकी धागों में सजाना

एक-एक बूंद रंगों के कैन्वस पर ज़रा देखकर

चुटकी बजाकर क्या समझते हो,

कि तुम पेश करते हो चमत्कार !

मैं जानती हूँ, वक़्त !

तुम हो ज़िंदगी का कलाकार ।

जानती हूँ, चिट्ठियों की खुशबू आज-कल नहीं
महकती

मगर शब्दों के माइनों की मिठास

अब भी बरकरार है

माध्यम बदल जाने से मन के जज़्बात नहीं बदलते

सबके बस की बात नहीं शब्दों को सजाना

सबके बस की बात नहीं पंक्तियों में अनुप्रास

बिठाना,

उपमा, रूपक, अलंकारों में श्लेष और यमक

अलंकारों के संग खेलना आसान तो नहीं

तुकांत के शब्द हर बार आपस में मिलते नहीं

पंक्तियों में अनुप्रास अलंकार आसान तो नहीं

टूटे-फूटे जो अल्फ़ाज़ भूली-बिसरी यादें

चुप छाप सी चीखें, तुम्हारी मेरी मन की तकलीफें

वक़्त ने तुम्हें मुझसे ऐसे पिरोया है

मानो पंक्तियों में अनुप्रास बिठाया है ।

<u>अति से इति तक</u>

अगर आपकी ज़िंदगी के लिए किसी की मौत

जरूरी हो,

तो वो मेरी हो

आपकी दास्तान के मुकम्मल होने के लिए

अगर जरूरत हो तो मेरी कहानी अधूरी हो

आपके हिफ़ाज़त से बुने तारों से चुने सपने

हर लिहाज़ और लिबाज़ में पूरे हों

आपके निष्पाप निश्छल निर्मल मन के हर मुक़ाम

हर मंज़िल पर जीत पूरी हो

मैं आपकी अति से इति तक

मैं आपकी सदा से सदा तक ।

आपको लिखने को मैं तरस गई

भले नाकामियाब,

आपको लिखने की कच्ची-पक्की कोशिशों में मैं
तर गई !
जिस स्याही से खुद को लिखा मैंने
शब्द पंक्ति जाने कितनी कविताएं
छपे वक़्त पर कागज़ पर मिटने लगी हैं
झोंक के खुद को पूरी तरह
मैं ख़ुद खत्म होने चली हूँ
मैं आपकी अति से इति तक
मैं आपकी सदा से सदा तक ।

<u>आहुति</u>

जो तुम यज्ञ की पवित्र अग्नि हो,

तो मैं आहुति बनना चाहूँगी

जो तुम आसमान का सितारा हो तो मैं

तुम्हारी रोशनी को दूर से देख

किसी घर की जलती मशाल बनना चाहूँगी

जो तुम बारिश हो तो मैं

बारिश से भरनेवाली पानी के खड्डों में

बड़ी उम्मीद बड़ी आशा बड़े सपने लेकर चलनेवाली

छोटी सी कागज़ की कश्ती बनना चाहूँगी ।

यज्ञ की अग्नि में समाप्त होना

मौत का भ्रम देकर

अहम से स्वयं को मुक्त करना

भला क्यों न चाहूँ मैं ?!

जो तुम यज्ञ की पवित्र अग्नि हो

तो मैं आहुति बनना चाहूँगी ।

<u>पंक्तियों की तरह</u>

हम सब पंक्तियों की तरह

किसी में खूबसूरत लफ़्ज किसी में शब्द कम हैं

कोई आधी-अधूरी सी, कोई टूटी-फूटी सी

किसी में दो-धारी कटार किसी में सच का आईना
है

इतनी सारी पंक्तियों में तुम और मैं किसी कविता
की तरह

देखो कैसे, हम कविता की पंक्तियों की तरह !

पंक्तियों का आपस में जुड़ना कोई आम बात तो
नही,

अलंकारों में सजी पंक्तियों का मिलन कोई आम
बात तो नहीं,

तुम्हारा मुझसे मिलन आज-कल की बात नहीं,

तुम और मैं किसी कविता की पंक्तियों से कम तो
नहीं !

सदा से सदा तक

जानती हूँ, वक़्त मज़ाक उड़ाता है सदा की बातों
का

सदा-सदा तक कुछ नहीं रहता

न मालूम है कहाँ से शुरू हुआ 'सदा'

और न ये की कहाँ तक रहेगा !

कोई तो अर्थ होगा,

यूँही तो नहीं उतर गया मेरे कागज़ पर

कविता का स्वरूप लेकर !

मन का भी तो अंत नहीं

मैं समझती हूँ शुरुवात नहीं

बीते कल की गहराई में

बुनियाद 'अभी' का जो बसा है

'आज' का बहुत कुछ उस पर टिका है

तो बोलो हम आए कहाँ से कहाँ तक ?

तो बोलो मन है की नहीं सदा से सदा तक !

भला कब खत्म हुई न होगी

वक़्त की कलाकृति

जाने कौन किनारे से आए इस पार

हो सकता है एक ही बूंद का हो विस्तार

सदा से सदा तक कितना कुछ है तो सही

सदा से सदा तक असंभव नहीं ।

यकीन करो मुझ पर

हम सदा रहें न रहें प्रीत रहेगी अमर हमारी

गीत, कविता, नज़्म, शायरी

कथा, कहानी, किस्सों की डायरी

समय के पन्नों पर चित्रित

हम महकेंगे सदा तक

पंक्तियाँ अलिखित गूँजतीं हैं जैसे जहँन में

हम न सही,

हमारी प्रीत सदा से सदा तक ।

<u>प्रेम सम्बोधन सम्पूर्ण है !</u>

माना सब स्वयं में सम्पूर्ण हैं

मगर तुमसे ये किसने कहा कि

सम्पूर्ण से परे कुछ नही !

इंसानों का सम्पूर्ण साकार होना

किसी चमत्कार से कम तो नहीं !

तुम अपने आप में पूरे हो

मैं भी कहाँ अधूरी हूँ !

रोशनी चाँद की अधूरी है,

मैं या तुम नहीं

सपने अधूरे होते हैं,

उन्हे पूरा करने वाले मन या कर्म नहीं

माना सब स्वयं में सम्पूर्ण हैं,

मगर तुमसे ये किसने कहा कि

सम्पूर्ण से परे कुछ नहीं !

पंखुड़ियाँ भी सम्पूर्ण हैं

कलियों में कोई कमी नहीं

जो मुझर्झा गईं,

उनकी खूबसूरती तारीफ़ों का मोहताज नहीं

जिन पौधों में फूल नहीं,

आख़िर उनमें भी प्राण है

कुछ भी आधा-अधूरा नहीं

सबकुछ सम्पूर्ण है

माना सब स्वयं में सम्पूर्ण हैं

मगर तुमसे ये किसने कहा कि

सम्पूर्ण से परे कुछ नहीं

<u>बताओ भला कहाँ है दूरी</u>

आसमान ने ज़मीन को सींचा है उसकी हिफ़ाज़त
की है

ज़मीन ने आसमान को देख उड़ान के सपने पाले
हैं

फिर कहाँ है दूरी आसमान और ज़मीन के बीच

दूरियाँ नापकर बड़े अंकों बड़े अक्षरों में बता रहे

मगर उस बारिश का क्या !

जो आसमान से, बूंद के धागों से ज़मीन को
सींचती है

माना आसमान रोशनदान नहीं

मगर उन किरणों का क्या !

जो आसमान से होकर ज़मीन को रोशन करतीं हैं

दूरियों का मज़ाक बनातीं हैं

हंसी ठिठोली के विषय पर

प्रकृति के कई करिश्मे

देखो कैसे व्यंग्य की रचना सुनातीं है

बताओ भला कहाँ है दूरी !

देखो कैसे व्यंग्य की रचना सुनातीं है

बताओ भला कहाँ है दूरी !

<u>परे की प्रेम कथाएं</u>

सुनो कागज़ और कलम की प्रेम कथा

जो कलम कहना चाहती है

वो कागज़ जाने कैसे सुन लेता है

स्याही से जाने कैसे लफ्जों में

खुद पर उतरने देता है

समझने समझाने से परे

अर्थ समर्पण का कर साकार

ये जाने प्रेम को कौन सी उपमा देते हैं !

इंसानी दुनिया से परे की प्रेम कथाएं

अनकही अनसुनी और अनजानी प्रेम कथाएं !

भागीरथी और अलकनंदा को देख जाना

मिलन और संगम एक तो नहीं

इंसानी शरीर मिलते हैं

प्रेम आत्माओं में हो तो संगम से एक दूसरे में
घुल जाते हैं

एक दूसरे में मिलकर मिटकर

परम की ओर आगे बढ़ना

अस्तित्वों का मिटना सवरना

रंग अपना छोड़ समर्पित स्वयं को करना

भागीरथी और अलकनंदा सा प्रेम आसान नहीं

प्रेम का संगम,

देवप्रयाग का संगम!

इंसानी दिमाग को समझ कुछ नहीं आया

जाना बस यही कि

मिलन और संगम एक नहीं !

परे की प्रेम कथाए

अनकही, अनसुनी, अनजानी प्रेम कथाएं !

चलती वक़्त की गाड़ी की खिड़की से

जो टटोलती हुईं आँखें झाँकती हैं बाहर

नज़ारे चली जातीं हैं कितनी तेज़ी से

मानो जैसे उम्र की हो रफ़्तार

सांसें लेती ज़िंदगी की आँखें

नज़ारों में जाने क्या ढूंढ रही हैं

वक़्त की निगरानी जाने

कौन से पौधे सींच रही है

उम्र और ज़िंदगी

इंसानी दुनिया से परे एक दूसरे को निभा रहे हैं

अनकही, अनसुनी, अनजानी परे की प्रेम कथा सुन
रहे हैं !

<u>रात की आवाज़</u>

रात की आवाज़ काले आसमान के पीछे से
झाँकती है,

कानों में फुसफुसाती है,

किसी कवि के चुराए पंक्तियाँ गुनगुनाती है,

रात की आवाज़ कहती कितना कुछ है !

मैं पूछती हूँ इस काली चादर ओढ़े रात से दूसरों
के राज़

जो चुपके से बोल गए साफ़ मन के लोग

जो बोल गए हैं डगमगाती नियत के लोग

और जो मन की बातें खोल गए हैं

उल्टी-सीधी छोटी-बड़ी हरकतें जो कर गए हैं

आसमान के नीचे छुपा गए हैं

रात की आवाज़ कहती कितना कुछ है ।

<u>मैं हक़दार निशानों की</u>

ढलते सूरज की लालिमा में

खाली उस चाय की प्याली में

मैं तुम्हें   ढूंढा   करती हूँ

तुम्हारे   पिरोये यादों में

मैं खुदकों तराशा करती हूँ

सुनहरे उन किरणों की तरह

अपने खाली आसमान में

तुम्हें हर ओर बिखेरा करती हूँ

तुमने   क्या जाना, क्या समझा

मैं नहीं जानती हूँ

राहों पे कदम तुम्हारे हैं

मैं हक़दार निशानों की ।

<u>तुम और मैं</u>

अपनी मोहब्बत ज़िंदगी का नज़राना है
बताने जताने से बढ़कर मुझे निभाना है ।
दिल से निकली दुआओं में
सोच की गहराइयों में
उम्मीद की प्यारी सी तुम किरण हो
मेरी सारी प्रार्थनाओं के बदले
परमात्मा का दिया आशीर्वाद हो
इन रास्तों में राहत है
बढ़कर प्यार की हर मंज़िल से ।
शायद तुम यहीं हो
बस दिखते नहीं हो
ढलते उभरते रंगों में
बदलते इन तस्वीरों में
ठहरी सी जो तमन्ना है

अनकही ये दास्तान है ।

महकती इन कलियों में
बहती ठंडी हवाओं में
आँखों की छुपी नमी हो
ज़िंदगी की छोटी सी कमी हो
तुम हर हाल में, हर हद से बढ़कर
मेरी साधना, अराधना हो ।

<u>मैं खुद से गले लगकर</u>

मैं खुदसे गले लगकर जीना पसंद करती हूँ

मेरे सच से मेरी वफ़ाएं तुम क्या समझोगे

मरी उसकी बातें तुम यकीन भी न कर पाओगे

उसका मुझे प्यार से सहलाना हर हाल में हिम्मत

देना,

तुम्हारी सोच की हद से कई ज़्यादा

उसका मुझमें जीना, मेरा उसमे जीना

तुम्हारी समझ से परे है

मेरा सच मेरा है

और मैं उसकी !

मेरी मुस्कान भी मेरी, मेरे आँसू भी मेरे

मेरी ज़िंदगी भी मेरी, ज़िंदगी का सच भी मेरा

मेरी किशोरी भी मेरी, मेरा मुरलीवाला भी मेरा ।

... ...

अदिति नायक

ई-मेल : *aditinayak.347@gmail.com*

इंस्टाग्राम : *aditi_poetry*

वॉर्डप्रेस : *chintanjournals.wordpress.com*

... राधेकृष्ण ...